新装改訂

新しい旅立ち

佐藤　彰

いのちのことば社

はじめに

福島第一聖書バプテスト教会礼拝堂で語られたメッセージを、かつて一人の姉妹が要約し、毎週週報に載せてくださっていました。そのいくつかをまとめる形で出版した『新しい旅立ち』が、このたび、字を大きく読みやすくして再版される運びとなったことを、感慨深く受け止めています。というのも、かつてこれらのメッセージが語られていた礼拝堂が、去る三月十一日に起こった東日本大震災以降、閉鎖されたままだからです。突然襲って来た地震と津波、それに続く原発事故は、一瞬にして私たちからほとんどすべてを奪い去っていきました。あの日から九か月も過ぎたというのに、私たちは今なおうなだれて、途方に暮れています。

実は、「新しい旅立ち」を必要としているのは、ほかならぬ私たちなのです。

ずいぶん以前に出版していただいたこの本について、「長い間傍らに置いて、繰り返し愛読していました」とか「再版はいつですか」など、ありがたいおことばを、かねがねいただいていました。ここに来て再び目を通してみると、古くて新しい聖書のおことばが、悲しみに暮れる私たちに新鮮に語りかけてくるような気がします。まとめるのがむずかしい私のメッセージのエッセンスを、よくぞここまでコンパクトにしてくださったと、改めて当時の教会の姉妹に感謝するとともに、あのころあたりまえのように育まれていた教会の営みが、今は幻となり、ひどく懐かしく、いとおしくよみがえってきます。

新約聖書時代に離散した初代教会は、神の国の拡がりという大きな歴史の渦の中で、幾多の困難を乗り越え、新しい旅立ちを繰り返していきました。私たち、散らされた教会も、もう二度と同じメンバーで集まることはかなわないものの、与えられた旅路の一歩一歩を、涙を拭いて踏みしめていきたいと願っています。苦悩に満ちた人生の道のりを、それでもめげずに天を見上げ、前進しようとしているすべての勇気ある人々に、この本を贈ります。

二〇一一年十二月十一日（日）新幹線の車上にて

佐藤　彰

新装改訂にあたって

「ポケットに届け」

東日本大震災遭遇時、私は突如涙が溢れたり動悸したりする自分に驚きました。堪らずに悲しいだの嬉しいだのとつぶやいてことばにするうちに、その時間が自分の姿を映し出し、神と会話するカウンセリングの場になったことに気がつきました。

神は時に烈しく、時に静かに語られます。震災から十三年の歳月が過ぎ、「はじめに」で記した姉妹も避難先で天に召されました。私も今心静かに神の語りかけを聴きたいです。嵐の日も穏やかな日も、みことばは変わらず、神の語りかけは普遍です。

今回新装改訂されることとなったポケットディボーションブック『新しい旅立ち』が、皆さんのポケットに届き、日々の静かな神との語らいの場となれば幸いです。

二〇二四年十二月

佐藤　彰

Day 1

新しい旅立ちを前にして

申命記1章24～35節

おののいてはならない。彼らを恐れてはならない。(29節)

約束の地を目前にしながらその地を踏むことのできなかったモーセが百二十年の人生を終わろうとするとき、次世代の人々に遺言のようにして遺した律法――申命記を通して、新しい旅立ちを前にした私たちに対する神からのメッセージを聴きましょう。

出エジプトのリーダーとして自らその渦中にあったモーセが語る教訓は、新しい年を迎えることを許された私たちにも今語られているのです。

新しい地に入り神の恵みを享受するためには、越えなければならない壁があります。人は誰でも放っておくと、後ずさり、うずくまり、おののき、後ろ向きになる性質があります。

一、しかし、決して後ろ向きになってはいけません。

「主が私たちに与えようとしておられる地は良い地です」（25節）との報告を聞きながら登って行こうともせず、つぶやくところに、新しい地に入り新しい年を迎えるエネルギーが湧くはずもありません。

「主は私たちを憎んでおられ……」（27節）と神を責め、「その民は私たちよりも大きくて……」（28節）と否定的な側面ばかりを拡大していくところに祝福はありません。

壁はエモリ人でもアナク人でもなく、ましてや神であろうはずもないのです。壁は、駄目だと信じてしまう自分自身の心なのです。この心の中の堂々巡りに勝たなければ新しい祝福の一頁はありません。この壁を乗り越えることができたなら、そのすぐ先に神の祝福が用意されています。

二、とにかく、神を見つめることです。

そうすれば私たちは後ろ向きにならず前進することができます。それは、「あなたがたに先立って行かれるあなたがたの神、主があなたがたのために戦われる。エジプトで、あなたがたの目の前で、あなたがたのためにしてくださったのと同じように」（30節）からです。

神を見つめるなら、過去の数々の恵みの事実に気づきます。昼は雲の柱、夜は火の柱の中にいて導いてくださったという事実、紅海を二分し最強の軍隊からも守られ、マナをもって養われた事実です。荒野の「全道中、あなたの神、主が、人が自分の子を抱くようにあなたを抱いてくださった」（31節）という事実です。

そして、これらの恵みを忘れて「その民は私たちよりも大きくて……城壁は高く……」（28節）とつぶやく自らの愚かさに気づくでしょう。神の恵みの動かぬ事実を目前にしてもなお「主を信じていない」という民の恐るべき後ろ向きの姿には、神の怒りが下りました。約束の地に入ることができたのはカレブとヨシュアだけでした。新しい地にふさわしいのは、性根の古い後ろ向きの人々ではなかったのです。

今生きることを許されている私たちは、後ろ向きの自分の心を断ち切り、神を見つめ恵みを思い起こしながら、果敢に挑戦していく者となりましょう。

神様、後ろをふり返らず、前進できますように。どうか私の中から恐れを取り除き勇気を与えてください。神様が来なさいと言われるところを目指して精一杯歩みます。あなただけを見つめて、右にも左にもそれることがないよう、力強く私の手を引いてください。アーメン。

Day 2

モーセの最期

モーセが死んだときは百二十歳であったが、彼の目はかすまず、気力も衰えていなかった。（7節）

申命記34章1～12節

旧約聖書に「どんな人も裸で生まれ、裸で死んでいく」とあります（ヨブ記1章21節参照）。生まれてから死ぬまでの人生の営みはすべて天からの貸し出し物です。生きている間に必要なものはすべて神が貸してくださるので、人はそれらすべてを地上に残して裸で死んでいくのです。

モーセの百二十年の生涯の最期の記録から学ぶことが二つあります。

第一に、私たちは死を通して、神に信仰の告白をなすのだ、

第二に、私たちは死を通して、神に心からの感謝をなすのだ、

ということです。

モーセはネボ山の西ピスガで死にました。その山頂から神はモーセに約束の地を見せたのですが、彼がその地に入ることは許されませんでした。目前にゴールを見ながら、「あなたは、ここまで」と言われるとはなんと苛酷なことでしょう。

このようにしばしば、ほとんどの人の人生の終わりが、私たちの目線からでは計算が合いません。死を通して人は、人生の主権者は神であり自分はその僕であることを告白するのです。

人の一生は、神が置かれた場所で、許された高さまで、与えられた道程を精一杯全うすることであり、どこまでやるのかは神が決めること、生きるのも死ぬのも人の手の中ではない、ということを人生の最期に最後の従順として僕として告白するのです。

モーセが約束の地に入れなかったのは彼の罪のためでした。死は罪の支払う報酬ですが、私たちには罪からの救い主イエス・キリストがおられることを告白します。学歴も地位も人格も罪を消すことはできませんが、救い主キリストの十字架の血潮は、どんな罪人をも救うことができるのです。

自分が死んだ後の地上の営みについては天にゆだねましょう。私たちの人生は中世の壁画の一部分のようです。壁画から飛び出してその全体像を眺めてみたくても、それはできないのです。

死に臨んで「ゆだねる」信仰の告白をしましょう。そして、私たちは死を通して神に感謝をささげましょう。健康が守られてきたこと、素晴らしい人々との出会いや交わりが与えられたこと、それは神からの恵みです。そして最大の恵みは、神に出会うチャンスが与えられ、信仰が与えられたこと、これは特別な感謝です。

私たちの死は、最後の無言の信仰告白、神への感謝となるのです。

このような告白をもって地上の生涯をさわやかに精一杯、神が「来なさい」と言うところまで全うしたいものです。

私の人生はあなたの御手の中にあります。これまでもそうでしたし、これからもそうです。どんなときも天を仰ぎ、天の御国を想いつつ地上の旅路を全うします。現時点では理解できない事柄もありますが、最善に導いてくださるあなたにおゆだねします。アーメン。

Day 3

祈りつづけよ

私もまた、あなたがたのために祈るのをやめ、主の前に罪ある者となることなど、とてもできない。私はあなたがたに、良い正しい道を教えよう。（23節）

サムエル記第一、12章18節〜25節

水滴がやがては硬い岩をも削りはじめるように、祈りつづけるときに神が偉大なことをしてくださるというのは本当です。最後の士師（国を治める人）であり祭司でもあったサムエルの正念場を通して、祈りつづけるには二つの信仰が必要であることを学びましょう。

まず第一は、神のご臨在です。

私は神学校時代、色々な牧師を訪ね、先生方の教会形成の理念等について、しつこいほどに訊いて回ったことがあります。これはと思う先生方には、ある共通点がありました。それは「神のご臨在」でした。神のご臨在があるということは、教派、年齢、形態を問わず、非常に重要なことです。祈りつづけると、神のご臨在に触れます。これは祈りつづけることの素晴らしい祝福です。どんなに失望落胆していても、そこから祈りはじめ、祈りつづけるなら、神が後ろ盾におられるという不思議な臨場感が生まれます。これは、祈りからしか生まれない宝物です。

第二に、祈りつづけると何が生まれるか、祈りつづけるには何が必要かというと、「神の心」です。

神の心は広い心です。祈りつづけるには寛容な広い心が必要なのです。サムエルは王を求める民の声に不快な思いをしましたが、祈りつづけることをやめませんでした。私たちは、祈りつづけようとするとき、自分自身の中に苦い思いやあきらめなどの障害があることに気づきます。そのままでは祈りつづけることはできません。神の心を知るうちに広い心が与えられて祈りつづけることが初めて可能になるのです。

サムエルが祈ると、雨が一滴も降らないはずの季節に雷鳴が鳴り響き、雨が降り、イスラエルの人々は神のご臨在を知りました。同時に彼らは罪を自覚しはじめました。神の臨在が顕れると、人は指摘されることがなくても自分の罪を自覚するのです。彼らは自分たちがずっと神に導かれ、助けられ、養われてきたのに、つぶやき、人間の王を求めた罪を自覚しました。私たちは祈りつづけることによって臨在に触れ、罪を自覚し、自身の修正へと向かうのです。私たちは祈りの中で様々な願いを申し上げますが、それらすべてを超えて、神ご自身に出会うのです。不信仰から信仰へと導かれるのです。

教会のいのちは神のご臨在です。スタイルやプログラムで成功したり失敗したりするのではありません。もっと根源的な神のご臨在があるかないかにかかっているのです。臨在に触れると神の心が流れてきます。それは、私たちの感情や狭い頑固な心とはかなり違うものです。

神の広い心をいただいてご臨在に触れながら祈りなおし、祈りつづけて、神ご自身を体験する一日を送っていきたいと思います。

主よ、あきらめることなく祈りつづける心をお与えください。忍耐強く、主を待ち望んで継続して告白し、祈りつづける心を下さい。神様の臨在に満たされるまで、祈りの場を離れ去ることのないように。あきらめずに祈りつづける心をお与えください。アーメン。

Day 4

嵐の中の訓練

サムエルは立って、ギルガルからベニヤミンのギブアへ上って行った。サウルが彼とともにいた兵を数えると、おおよそ六百人であった。(15〜16節)

サムエル記第一、13章5節〜16節

今日は、今からおよそ三千年前、三十歳の若さでイスラエルの初代王となったサウルの最初の一こまから、「嵐の中の訓練」について考えましょう。

ライオンが子を深い谷へ投げ落とし、その試練の中を生き抜いた子だけを育てるように、神もまた、私たちに嵐の中を通させます。ですから人生は嵐に次ぐ嵐です。でも、その背後に神が立っておられます。

試練の嵐の中で私たちは、見た目や小手先の計算に流されず、本質を捉え、一番大切な人生の勘所を肌身に焼きつけるべきです。

サウル王は就任早々、大変な外圧に遭遇しました。ヨナタンがペリシテ人の守備隊長を打ち殺したことで、ペリシテ人がミクマスに陣を敷いたのです。大軍でした。対するイスラエルは、サウルのもとに集まった民がわずか三千。民は逃げていき、震えながらサウルに従った者たちもついには六百を数えるだけになってしまいました。最強の敵に囲まれ内側は総崩れの大ピンチです。

このように、人生はしばしば予想外の嵐に巻き込まれ、平常時にはわからなかった自分自身が顔を出し、そこを神に取り扱われることになるのです。

サウルは、「あのサムエルさえ来てくれれば……」と待ちつづけましたが、彼は約束の七日を過ぎても来ず、民はサウルのもとから離れ去ろうとしていました。サウルは待ちきれず、「思い切って」越えてはならぬ一線を越え、全焼のいけにえをささげてしまったのです。

「神にだけ信頼する」という、逆境をもはね返す強い幹を私たちの中に形づくるまで、神は私たちに待つことを訓練なさいます（キリストがラザロの死後四日たって到着したように）。

そんなとき、神のことばに忠実に従うよりも苦しまぎれに自力で計算をつけ、つけ焼刃で乗り切ってしまおうとする誘惑があります。これが落とし穴、嵐の中の訓練です。サウルは、その愚かな越権行為によって、最も大事なものを失ってしまったのです。後の王ダビデも晩年に人口調査を敢行して神の臨在を失い、どれほどの恐怖に襲われて悔い改めたことでしょう。

人生に大事なのは物事がうまくいくかどうかではありません。神の唯一無二の基準は、私たちが神とともにあるかどうかなのです。本当に神だけを頼りにして神に従い、神とともにあることを喜ぶ人であるか、嵐の中にあっても、その舟の中は平安であるか、を見られるのです。人生の幸不幸は波風の有無ではなく、私たちの心のありようで決まるのです。嵐の中の訓練に神がともにおられることこそ、一番大事な人生の勘所です。この勘所をしっかりとつかんで歩んでいきましょう。

嵐の中で主に仕えます。波にもまれて、自分を見失い神様を見失うことのないように、強い御手で私をつかんでいてください。逆風にさらされるとき、熱く強くあなたに叫び祈る者と変えてください。アーメン。

Day 5

神の時に期待して

アキシュはダビデを信用して、こう思っていた。「彼は自分の同胞イスラエル人に、とても憎まれるようなことをしている。彼はいつまでも私のしもべでいるだろう」（12節）

サムエル記第一、27章8節～12節

私たちは、神の創られた美しい繊細な時の流れの中にいます。自然界が四季折々、それぞれに美しいように、私たちの人生の春夏秋冬も神の時の流れの中で、それぞれに時にかなって美しいものです。

今日は、イスラエル建国の父ダビデが輝かしい表舞台に引き出される直前の最も苦しかった時の記述から、三つのことを学びましょう。神の時を認め、期待する私たちは、

一、信じることをやめてはいけません。

二、信じたなら忍耐すべきです。

三、さらには、知恵を使うことです。

やがて王となるべく油注ぎを受けたダビデは、サウル王の妬みを買い、苦しい逃避行を続けますが、ついには敵国に逃げ込むという苦渋の選択をしたのです。もはや彼の生きる場所は敵国にしかありませんでした。それは苦しい一年四か月でした。けれども、27章8節の記述から、私たちは彼の揺るぎない信仰を見てとることができます。彼がペリシテ人の地にいる間にアキシュ王を欺いて戦った相手（ゲシュル人、ゲゼル人、アマレク人）はすべて、やがて彼がイスラエルの王となったときに対峙すべき敵だったのです。彼は本気でした。神の時が来ることを信じていた彼は、いつ殺されるかもしれないという危険を冒して、さらに一歩前に踏み出していたのです。私たちも神に期待するなら辛くても希望をもって信じることです。

同時に忍耐が必要です。神に期待するという学科があるとすれば「忍耐」は、その入り口の最も大事な必須科目です。ここを通らなければ次のステップに進むことはできません。ダビデにとって敵国での日々は、一日が千年のようだったことでしょう。彼はサウル王が死ぬときまで忍耐しつづけました。旧約から新約に至るまで聖書は私たちに忍耐を教えているといっても過言ではありません。祈りがきかれない日々には、私たちは神の深いご意志を学びます。忍耐の中で私たちの強い意志が養われるのです。それでこそ、神の時を見極め、神の波に乗ることが可能になるのです。

ダビデから学ぶのは信仰と忍耐だけではありません。その知恵です。敵方の王の懐深く飛び込みながら、彼は細心の注意を払い、知恵を使い、王の信頼を深めていきます。戦った敵の男も女も生かしておかず、奪ったものは王に献上するというぬかりなさでした。一見残虐に見えるこの行為も、やがて王となる日のため、神の時に備えてのことでした。彼はまさに戦いの勇者です。

戦いに満ちた難しい人生ですが、私たちも天を仰ぎ、希望をもって前進しましょう。

主よ、追い詰められたときも、あなたがともにおられ、必ず一本の救いの道、脱出の道を用意してくださっていることを信じます。どうぞ私に、その道を見出す信仰の目と、困難をかいくぐって進む知恵をお与えください。アーメン。

Day 6

底を打ってからの信仰

ダビデは大変な苦境に立たされた。兵がみな、自分たちの息子、娘たちのことで心を悩ませ、ダビデを石で打ち殺そうと言い出したからだった。しかし、ダビデは自分の神、**主**によって奮い立った。（6節）

サムエル記第一、30章1～6節

嵐は、すべての人の人生にやって来ます。嵐のさなかにあるときには、「嵐はやがてやみ、太陽が照りつけるのだ」と言われても信じられないものです。しかし、嵐はいつまでも続くものではありません。経済の専門家がよく「底を打つ」という表現をしますが、それは、もうどん底だからこれ以上下がりようがない、ということです。下がりようがないのですから、あとは上向きです。人生も信仰も、実は、嵐のさなか、底を打ったそのときから祝福が始まっているのです。

一、底を打つ苦しみ

今日は、まさしくどん底を這っていたときのダビデから学びましょう。サウル王に妬まれ命を狙われていた彼は、祖国に住むこともできず、敵国ペリシテに潜りこんでいましたが、ペリシテがイスラエルと戦う段になると、四百人の兵士を連れて北に約百キロ旅し、ペリシテに援軍を申し出たのでした。しかし、受け容れてもらえず疲れきって帰途につきます。戻ってみると、アマレク人によって町は焼かれ、妻子たちは捕虜として連れて行かれたあとでした。ダビデの苦しみは、一、王に命を狙われてきた長年の緊張　二、百キロの旅が徒労に終わった疲労感、三、家焼かれ妻子を奪われた悲しみ……と三重だけにとどまりませんでした。四、民がみな自分たちの家族のことで、ダビデを石で打ち殺そうとしたのです。

このようにたたみかけられるような苦しみの中では、何が大事でしょう。希望を持つことです。苦しみの31章の後、ダビデは王として新たなステージに引き上げられるのです。

二、心を励まして

では、底を打つような苦しみの中で私たちは、どのようにして希望をたたえていけばいいのでしょう。それは、自分で自分の心を強めることです。問題は、アマレク人でもなければ、サウル王でもありません。問題は、苦しみにたたみかけられて信仰のシの字も失ってしまう自分の心にあります。状況や近況が問題なのではありません。どん底の中でも信仰を働かせ、自分の心は自分で守ることができます。箴言4章に、「何を見張るよりも、あなたの心を見守れ」（23節）とあります。ダビデは奮い立ち、アマレク人を討ち、妻子を一人残らず取り戻したばかりか、戦利品まで手にすることができました。

複雑骨折が手術も受けずに治ってしまう例もあります。神は人間に驚くほどの復元力を与えておられます。体だけでなく、心についても、再び立て上げる尋常ならざるものを潜在的に与えておられるのです。ですから、状況や環境を見て負けてはなりません。三重四重の苦しみの中でも、自分の心を励まし元気づけ、この一日も神の不思議な恵みを体験していきたいと思います。

神様、夕暮れの後には朝明けが用意されていることを信じます。涙の谷で終わらないことを告白します。朝明けには喜びの叫びが待っていることを信じます。私の心の中に天来の喜びと力を満たし、すでに得たかのようにして歩む先取りの信仰を形づくってください。アーメン。

Day 7

分かち合いの精神

戦いに下って行った者への分け前も、荷物のそばにとどまっていた者への分け前も同じだ。ともに同じく分け合わなければならない。（24節）

サムエル記第一、30章16〜31節

阪神淡路大震災直後、外電は「寡黙だが、いざとなったら助け合う日本人……復興は早いだろう」と伝えました。

イスラエル建国の父ダビデもまた戦乱の世にあって、分かち合いの精神を非常に大切にした人です。

サウルから妬まれ執拗に追われたダビデは、敵地ペリシテに落ち延び、緊張の生活を余儀なくされていました。折しもイスラエルとペリシテ軍との戦いとなり、ダビデはペリシテ側につくべく家来と共に百キロの道程を行軍したのでした。しかし、ペリシテの首長たちの反目を買い、結局彼らは出陣もできずツィケラグに帰されたのです。

往復二百キロの旅の果てに彼らが目にしたのは、アマレク人に妻子を奪われ焼き討ちにされ変わり果てた町でした。あまりのことに家来たちは、不満をダビデに向け、彼を殺そうとまで言い出しました。

しかし、ダビデは主によって奮い立ったのです。どん底から祈り、信仰による不思議な力が湧いてきて、彼らは略奪隊を追撃し、すべてを奪い返すことができたばかりか、それを上回るものを得たのです。

この戦利品を巡って、意地の悪いよこしまな者たちが、ともに行くことのできなかった二百人には分けてやれない、と言い出しましたが、ダビデは違いました。恐る恐る出迎えた人々の安否を尋ね、先の者たちをいましめたのです。戦利品は平等に分配され、このやり方は後々まで不文律として残りました。また、彼は各地の長老たちにも戦利品を分かち合ったのです。

立ち上がることができたのも勝利できたのも、自分の功績ではなく主が与えてくださった恵みであることを、ダビデはよくわきまえていたのです。

戦乱の世は剣と剣の戦いですが、ダビデは、もう一つの戦いを戦っていました。それは、よこしまな人間の本性、原罪との戦いです。自分中心の狭い心と戦って勝利しなければ、神の祝福をもって国を治める資格は無いことを、彼は長年かかって学んだのでした。

私たちの地上の人生には、ダビデの家来のようにつぶやく材料はふんだんにあります。ダビデにしても、これはサウル王のせい、家来のせい、とつぶやくこともできたでしょう。しかし、ここがダビデの訓練でした。神にゆだねること、忍耐することをやめてはならないのです。彼は、来るべき日のために、寛大な心を身につけなければならなかったのです。

私たちは、自分を中心軸とした狭い心で生きるのではなく、天を見上げて生きている者として、神の広い心をいただいて歩みましょう。広い心を人々と分かち合いましょう。分かち合って歩んでいくときに、神はそこに静かに豊かに力強く、はっきりとわかる形で働いてくださいます。


主よ、海のように広い心をお与えください。おおらかで物事に頓着しない、大きな心を。神様の喜ばれる神の国を実践する者になりたいと思います。寛容で恵みの数々を喜んで分かち合う、温かい心の持ち主につくり変えてください。アーメン。

Day 8

ヒゼキヤ王の過越祭

また、ユダには神の御手が臨んで、人々の心を一つにし、**主**のことばどおり、王とその高官たちの命令が実行された。（12節）

歴代誌第二、30章9～12節

ユダヤ民族の歴史物語「歴代誌」の中でも、ひときわ輝いているのがヒゼキヤ王です。宮きよめ、水道橋の建造、大病がいやされ、寿命が延ばされたこと、過越祭の復興、歴史に残る業績があります。

今日は、彼の記事から、人間の心とはどういうものか、神のご計画とはどういうものかについて、学びたいと思います。

主の宮を閉じ偶像礼拝を導入し、国を滅亡へと追いやった父アハズに代わって王となったヒゼキヤは、国を挙げてまごころから神に立ち返るべきことを痛感しました。そこで全イスラエルとユダに使いを遣わし、エルサレムにある主の宮に来て主に過越のいけにえをささげるよう呼びかけたのです。

「主は恵み深く、あわれみ深い方であり、あなたがたが主に立ち返るなら、あなたがたから御顔を背けられるようなことはありません」（9節）

しかし、この素晴らしいおふれに人々が喜んで賛同したわけではありませんでした。町から町へと行き巡った近衛兵たちを人々は物笑いにし、あざけったのです。それは、イエス・キリストの教えの素晴らしさに驚嘆しながらも「十字架につけろ」と口々に叫んだ、あの群衆の光景と重なります（マタイ27章23節など参照）。

これが人間の姿の現実です。神の目には、固く強情で難しい「うなじを固くする民」（出エジプト記32章9節）です。祭司たちも同じでした。身を聖別した祭司が少なかったため、過越祭は第二の月に、レビ人の助けを借りて行われたのです。レビ人は直ぐな心を持っていたからです。誰でも、心やわらかく直ぐな心になるならば、神はいつでもどこでも豊かに臨んでくださり、用いられるのです。

神は、ご自身のご計画を、へりくだる人々とともに粛々と行われます。まっすぐな、従う心を持つ人々が集まって過越祭が行われました。それはおびただしい大集団であったと記されています。

神がうなじを固くする人を用いて働くことはありません。でもソロモンの息子レハブアムのように、あるときは頑なでも、へりくだって立ち返るなら神は直ちに働かれます。幼子のように心柔らかくして神に用いられるのも、頑なな心に徹して神が過ぎ越してしまうのも、私たち次第なのです。

エステルはモルデカイに「あなたがこのようなときに沈黙を守るなら、別のところから助けと救いがユダヤ人のために起こるだろう」（エステル記4章14節）と諭されました。神が自分を離れて別の人々と粛々とご計画を進め、私はひとり取り残される――これほど寂しく恐ろしいことはありません。

砕かれるべきところを砕かれて、へりくだって本当のきよめをいただき、神が働き易い器として歩んでいきたいと思います。

主よ、まっすぐな心であなたに仕えます。あれやこれやと思いわずらわず、単純に、あなただけを見つめて、御前にまっすぐ歩む者としてください。あなたが「これをしなさい」とおっしゃるとき、迷うことなくまっすぐな心で行います。アーメン。

Day 9

神の御手をどこに見たか

その夜、王は眠れなかったので、記録の書、年代記を持って来るように命じた。そしてそれは王の前で読まれた。（一節）

エステル記6章1〜13節

聖書六十六巻のうちタイトルに女性名が使われているのは、ルツ記と、このエステル記の二巻だけです。どちらも、ごく普通の女性でしたが、神に忠実に従った歩みが聖書に記されることになりました。

エステル記には前五世紀の出来事が記されています。当時ユダヤ人はペルシヤ帝国の支配下にありました。ペルシヤの王アハシュエロスは命令に背いた王妃ワシュティを退け、ユダヤ人エステルを王妃として選びました。

王の重臣アガグ人ハマンは、エステルの養父である従兄弟のモルデカイが自分に膝をかがめないことを怒り、ユダヤ人撲滅を企てます。

エステル記のどこにも神、祈り、信仰ということばが見当たりません。舞台も聖書の国から千キロ以上離れたペルシヤの国です。神の声が聞こえたわけでもキリストの姿が見えたわけでもありません。

しかし、見えます。ささやかな日常生活の足もとのそこここに、そして大局的な見地から見た歴史の流れの中に、神の御手の紋様がはっきりと見えます。

エステルが同胞を救うため王に願うことを一晩延ばしたことも、その夜眠れなかった王が家来に読ませた記録書に、かつて王暗殺計画を未然に防いだモルデカイの記録があり、王が彼に褒賞を与えたいと思ったことも……これらの出来事、人の体調や感情の微妙な移り具合の中に神の御手が見えます。

望みどおりユダヤ人撲滅の勅令を公布し、モルデカイの処刑台まで準備したハマンは、いそいそと宮殿にやって来ました。王からの栄誉を受ける者の処遇について尋ねられると、彼は自分のことと勘違いし、思いつく限りの大仰な処遇を並べ立てます。

しかし、その栄誉にあずかったのはモルデカイでした。ハマンは自身が準備した処刑台に上がることになってしまいました。

彼の妻と友人は「モルデカイがユダヤ民族の一人であるなら、あなたはもう彼に勝つことはできません」（13節）と告白しています。背後に神がおられることを知っていたのです。敵方の画策まで逆手にとって大逆転に導かれる神です。一羽の雀にも目を留め、私たちの髪の毛一本に至るまで数えておられる神です。

「人生はある面で受動態、神次第だ」と、韓国のある牧師が言っていました。

モルデカイやエステルが時代の奔流の中で神の御手に導かれたように、私たちも日々のささやかな出来事のそここに神の御手を見ることができるはずです。さらに、これまでの歩みを十年、三十年、五十年と振り返れば、神の御手になる絵模様が見えてくるはずです。

日々の生活の中に、また人生や時代の流れの中に神の御手を発見し、喜んで歩んでいきたいと思います。

神様、あなたの織りなす物語は何と美しく完璧なことでしょう。あなたは私の感情も心配も、喜びも悲しみも、すべてを御手の中に収めておられます。私はあなたのみわざを発見する喜びをもってこの時代を進み行きます。あなたこそは私の全能の神、全知の主です。アーメン。

Day 10

人生の構図

主はサタンに言われた。「では、彼の財産をすべておまえの手に任せる。ただし、彼自身には手を伸ばしてはならない。」そこで、サタンは主の前から出て行った。（12節）

ヨブ記1章1～12節

今日はヨブ記を通して、人生の構図、また現代の私たちの人生について思い巡らしたいと思います。

ユダヤ人の書である聖書に、なぜか死海の南東ウツに住むエドム人ヨブの記録が載っています。

ヨブは潔白で正しく、神を恐れる人であり、家族にも財産にも恵まれ、多くのしもべを持ち、東の人々の中で一番の富豪でした。息子、娘たちはそれぞれ自立し、互いに行き来しあう幸福な家族でした。

しかし、それだけでは終わらないのが人生です。人生は自分の信念、家族、地域、歴史、時代だけのものではありません。1章6節が示すように、それらを超越した所ですべてを握りしめておられる神がおられます。すべての人は、その人生の構図の中に、自分と人との関係だけでなく神との関係を持っているのです。

そして、サタン（悪魔）の存在があります。サタンは告訴する者であり、地を行き巡り歩き回り、私たちをつけ狙っています。

こうして、神、天使、人、サタン……と出そろった所に嵐がやって来てドラマが生まれます。

ヨブにはサタンにつけいられる隙などなかったのです。定期的に子どもたち一人ひとりのために全焼のいけにえをささげ「私たちは神のものです」と献身を表していました。

神は、そんなヨブが誇らしく「わたしのしもべヨブに心を留めたか」（8節）とサタンに仰せられました。サタンは狡猾です。「ヨブは理由もなく神を恐れているのでしょうか」（9節）、彼のすべての持ち物を取り去ってしまえば「きっと、面と向かってあなたを呪うに違いありません」（11節）と答えます。

ここにサタンの最終目的があります。私たちに神を呪わせることこそサタンの到達したい着地点なのです。

私たちは自分の人生を計算しようとします。しかし、計算どおりには行かないのが人生です。ヨブは突然の惨事で次々と子どもたちを失い、財産をなくし、悪性の腫物に苦しみ、自分の生まれた日を呪うほどでした。それでも、そこから新たに神を見上げ、本物の信仰に入っていったのです。

思いどおりにはいかない中に人生の味わいがあり、病の中でこそ知り得る恵みがあります。予測できない様々な嵐の真ん中に神がおられます。

自在に動いているかに見えるサタンの背後にも神がおられます。サタンは神の手かせ足かせの中で動き回っているにすぎないのです。ここに神の熱い御想いがひしひしと伝わってきて、地の底から湧き上がるエネルギーが生まれます。どんな嵐が来ても、神はその都度、私たちに味わい深い恵みを体験させてくださるでしょう。

神様、私の内に巣食う不信仰、暗闇を慕う心、一切の悪しきものを取り除いてください。あなたの御名でサタンを退け、その策略に乗ることがありませんように。その先におられるあなただけにつき従うことができますように。私を離さないでください。アーメン。

Day 11

ヨブの問題

するとエリフが怒りを燃やした。彼は、ヨブが神よりも自分自身のほうを義としたので、ヨブに向かって怒りを燃やしたのである。（2節）

ヨブ記32章1～2節

「ヨブの問題」と題しましたが、実は「私たちの問題」です。人生にはどうして理不尽な苦しみや試練があるのか、神はなぜそれを許しておられるのか、ヨブ記は試練をテーマに、戯曲のように描かれています。

でも本当は、「祝福」がテーマだと言ってもよいのです。試練を通して砕かれるときに祝福が来ます。教会も、誰かが苦しむと恵みが、誰かが忍耐すると祝福が来ます。誰かが悲しむと神が立ち上がられるのです。

試練は突如やって来ます。シェバ人、カルデヤ人による相次ぐ略奪と、竜巻による十人の子どもたち全員の死、最後はヨブ自身が頭のてっぺんからつま先まで悪性の腫物に打たれるという、次から次へとたたみかけて来る試練です。

彼を訪ねた友人たちはあまりの酷さに声を失いますが、やがて激しい議論が始まります。その過程で現れたのは、ヨブの固さでした。苦しみの中で人間関係が煮詰まり遮断され、とがってくると、表面的なものがはがされていき、人と自分との間に厳然として横たわる本当の問題に突き当たるのです。ヨブほどの人格者でも同じです。

これはすべての人間に共通の問題、私たちの問題でもあります。本当の神の祝福は、その固いものが砕かれた後にやって来るのです。

当初は「主は与え、主は取られる」と告白したヨブも、やがて自分の人生をのろい、神を「残酷な方」と訴えます。自らの正しさにしがみついて手放せなくなっていたのです。人を押しのけ神をも押しのけ、自分は正しいと執着するヨブを前にして、三人は議論をやめました。

そこに四人目の友人エリフが登場し、ヨブの本当の問題は神との関係の歪みにあると指摘します。「ヨブが神よりも自分自身のほうをを義とした」からです。どんな問題も、神との関係を回復しないかぎり根本的解決はなく、祝福もないのです。

主はついに沈黙を破り、あらしの中からヨブに答えられます（38章以下）。あなたは何もかも知っていて、そのうえでここまで高ぶっているのか、と。圧倒的な神の顕現、ご臨在の中でヨブは一瞬のうちに砕かれ、柔らかな悔いし魂となったのです。

自分の考えに固執し、「決して信じません」（ヨハネ20章25節）と言っていたトマスが、復活のキリストにお会いするや、「私の主、私の神よ」（同28節）と告白したように、圧倒的な神のご臨在の前には、小賢しい議論も己の執着もすべていっぺんに吹き飛んでしまうのです。

ヨブが友人たちのために祈ると、神はヨブを回復させ、所有物をすべて二倍にしてくださいました。神はあなたの人生もこのように祝福したいと思っておられます。

思いがけない試練や苦しみはありますが、それを通らなければ砕かれない固いものが人と私の間に、神と私の間に、厳然と横たわっているのです。そこを神に触れていただいて、素晴らしい祝福にあずかりましょう。

神よ、私の中にも非常に固く恐ろしいものがあります。あなたが触れてくださいますように。私のために用意して人生の手術台に私は乗って委ねましょう。土から造られた私を、新しくしてください。アーメン。

Day 12

夕べの祈り

私の祈りが　御前への香として　手を上げる祈りが　夕べのささげ物として　立ち上りますように。（2節）

詩篇141篇1～4節

朝の祈りは、白いキャンバスに自由にみことばの絵模様を描くように素晴らしいものですが、夕べの祈りもまた、夕にしか与えられない別格の特典があります。それをみすみす逃したまま地上の生涯を終える手はありません。

一国を治めていたダビデには、血の気の引くような緊急事態が何度もありました。そんな中で彼は天に少しでも手をかけるような気持ちで、手を上げ必死に夕べの祈りをささげていたのです。その祈りから彼が導かれた三つのことを学びましょう。

一、夕べの祈りでは、一日の終わりに走馬灯のように浮かぶ自分の言動をチェックし軌道修正するよう導かれます。

「私の口に見張りを置き　私の唇の戸を守ってください」（3節）とあるように、ことばは非常に重要です。小さい火がやがて森全体を燃やすように、取り返しのつかない一言が人生に破滅をもたらすことも起こり得るのです。

馬を御するのにくつわをかけるのと同様、私たちも自分の口、ことばを御するべきです（ヤコブ3章参照）。

夕べの祈りの中で、その日一日の自分のことばを顧みて、明日からの自分のことばを少しでも神の塩味のきいたことばに変えるなら、子育てや夫婦関係が変わるでしょう。それは、神が天から降りてきて働かれる奇蹟と同じくらい素晴らしいことです。

神はイエス・キリストを「ことば」としてこの地上に遣わしたほど、ことばについては格別に繊細な感覚をお持ちの方なのですから。

二、しかし、ことば尻やことば遣いという表面的なことを修正せよというのではありません。深い井戸から水を汲むように、ことばは心にあることを汲み出すのです。決して心にないことがことばになるわけではありません。ことばの問題をたどっていけば、その根源である心のありようにまで行き着くはずです。

ですから、私たちは自分の心のありようを見張るべきです。夕べの祈りの中で心が光に照らし出されて、明日の幕開け前に神に触れていただくことができるのは何という特権でしょう。

三、一日の終わりに「私の心を悪に向けさせず……」（4節）と、歩むべき道から逸れないよう祈るのです。

明日も来月も来年も……とズルズル行ってしまわぬよう祈りのくさびを打ち込みます。すると神が、ここでさらに軌道修正せよと、私たちの道程に働いてくださるのです。なんと幸いなことでしょう。

自らの言動と心のありようを示され、明日につなげる一日とするためにも、夕べの祈りを大切にしたいと思います。

神よ、誤ることなく歩むことはできません。今日も、誰かを傷つけたかもしれません。今、心静めて御前に立ちます。私の心を探ってください。傷ついた道をいやし、傷つけてしまった人にも触れて、どうぞ真の仲裁者としておとりなしください。アーメン。

Day 13

ヒゼキヤ王の祈り

おそらく、あなたの神、**主**は、ラブ・シャケのことばを聞かれたことでしょう。彼の主君、アッシリアの王が、生ける神をそしるために彼を遣わしたのです。あなたの神、**主**は、お聞きになったそのことばをとがめられます。あなたは、まだいる残りの者のために祈りの声をあげてください。（4節）

イザヤ書37章1～7節

ヒゼキヤ王と言えば、外敵に囲まれたエルサレムに地下水脈を確保するため、現在に残る水道橋をつくった偉業が余りに有名です。

しかし、彼の生涯で最も特筆すべきことは、水道橋の建築ではありません。彼の「信仰」と「祈り」です。私たちも生涯に何か業績を遺すこと以上に、あの場面この場面でともに祈った姿が人々の心に刻まれるのなら、それに優る幸いはないでしょう。

ヒゼキヤの祈りを通して、その祈りを産んだバックグラウンドと、その祈りに神はどう応えられたのかを学びましょう。

彼は荒布をまとって主の宮に行きました。これは尋常ではありません。国のそうそうたる指導者たちにも荒布をまとわせ、イザヤのもとに遣わしたのです。このただならぬ光景は、ヒゼキヤが神の御前に本気で向かっていることを示しています。

当時、世界制覇をもくろむアッシリア帝国の脅威が迫り、北の首都サマリアはすでに陥落、アッシリアの将軍ラブ・シャケが大軍を引き連れてエルサレムを囲んでいました。彼はユダの民にもわかるヘブル語で「主はエルサレムを救えない」と、冒瀆したのです（Ⅱ列王記18章参照）。

この国家存亡の危機は、王であるヒゼキヤの心に過度の圧迫を与えたに違いありません。苦難・懲らしめ・侮辱に加えて、生まれてこようとする子を産み出す力さえないほど惨めな、危機的状況にありました。しかし、彼は祈りをもって真摯にストレートに神に向かうのです。

私たちにも、彼ほどではないにしても様々な圧迫があります。土壌は同じです。それは、彼と同様に祈りに進むべき土壌です。

神はヒゼキヤの祈りにどう応えてくださったでしょう。イザヤに託された神からのメッセージ（6、7節）は、人のことばを恐れるな、むしろ神のみことばをこそ握りしめ信頼せよ、ということでした。

今しか見えない私たちは、アッシリアのような強大な力の前では余りに小さく虫の息でしかないように感じるのですが、神のみことばは確実に成就するのです。

私たちはしばしば神の恵みを結果論でとらえがちです。しかし、苦しみの渦中、絶体絶命の危機的状況の中で、祈り、結果論でなく神が下さる信仰によって歩むなら、地上にありながら天にも昇るような不思議な生き方ができます。

神の御前に出て「下に根を張り、上に実を結ぶ」（イザヤ37章31節）とみことばをいただいたなら、人のどんなことばにもとらわれる必要はないのです。神のみことばに信頼し、希望をもって上を見上げて生きましょう。

主よ、色々な声が聞こえてきて、心が乱れて判断に迷うことがあります。もう一度心の耳を澄ませ、天の声だけに焦点を合わせます。一途に御声に聞き従います。しもべは聞きます。今、お語りください。アーメン。

Day 14

贖い主

わたしはほんの少しの間、あなたを見捨てたが、大いなるあわれみをもって、あなたを集める。怒りがあふれて、少しの間、わたしは、顔をあなたから隠したが、永遠の真実の愛をもって、あなたをあわれむ。（7～8節）

イザヤ書54章7～10節

自分のささやかな体験だけをもとに思い描く神は、聖書の神とかなり違っている可能性もあります。あなたの信仰、あなたの神は、小さすぎはしないでしょうか。

イザヤは、やがて国家が直面する苦難（バビロニヤによる侵略）と、その苦難をすべて負う贖い主キリストについて預言しました。苦難のしもべとしてのキリストについて預言した53章は、あまりに有名です。

天下国家が揺さぶられるような試練に直面したとき、人は、いつのまにか、神に見捨てられた、と思いこんでしまいます。寒い冬がずっと続くかのような思いにとらわれてしまうのです。

しかし、長く高く広い神の永遠の物差しから見れば、それは、ほんの一時にすぎません。苦難の中で、民が神をいつのまにか小さく信じるようになってしまわないために、イザヤは、微動だにせぬ贖い主の永遠の愛を示す必要があったのです。

目の前の出来事を中心にして神を考えてばかりいると、信仰が屈折していきます。私たちには、十字架でキリストがいのちを捨ててくださったほどの、神の絶対的な愛が注がれているのです。

確かに神は怒ることもあります。また、神に見捨てられたと思うこともあるでしょう。人として私たちと同じ悲しみや苦しみをなめたキリストは、十字架上で「わが神、わが神、どうしてわたしをお見捨てになったのですか」（マタイ27章46節）と叫ばれました。

私たちはしばしば「神を信じているのになぜ？」と思う出来事に直面します。しかし、それは「ほんのしばらくの間」だということを忘れてはなりません。

試練は一時ですが、神の愛は永遠です。神のあわれみははるかな大きさで私たちを包むのです。とてもそのようには思えないときこそ、「神が不変の愛で私をあわれんでおられる」という信仰があなたを支えます。

神はあなたを見つめ、一時さばくように見えても、愛しておられます。それが、変わらぬ神「贖い主」の姿です。「贖い主」は聖書の中心思想です。

神は「たとえ山が移り、丘が動いても、わたしの真実の愛はあなたから移らず、わたしの平和の契約は動かない」（イザヤ54章10節）と誓われました。

問題に直面してうずくまるときこそ、神を「愛の神」「恵みの神」と告白しましょう。神はエルサレムの崩れた城壁を回復し、数々の宝石で覆ってくださるのです。それは、「わたしは愛する者をこのように恵んで飾るのだ」と言わんばかりの見事な回復です。

神は私たちの想像をはるかに超えた、大きなお方なのです。

神様、あなたは本当に偉大なお方です。目の前のことに心縛られ、小さな世界に入り込んでしまう私を、あなたの視野に引き出してください。そしてあなたの揺るぎない愛と恵みの世界に浴させてください。アーメン。

Day 15

不思議な神のご計画

ただ、主のことばを聞け、ユダの王ゼデキヤよ。主はあなたについてこう言われる。あなたは剣で死ぬことはない。（4節）

エレミヤ34章1〜5節

エレミヤは今から約二千六百年前、時代に翻弄された痛みと悲しみの預言者でした。彼が預言したユダ王国最後の王ゼデキヤの悲劇を通して、不思議な神のご計画について学びましょう。この「不思議」には二つの意味があります。

一つめは、どうしてこんなことが起こるのかと、我が目と耳を疑い、神をも疑うような、受け入れがたい現実があるという不思議。

もう一つは、そのような出来事の中にも、人間の計算や説明を超えた神の御手がそここに働いていることを知りうる不思議です。

イスラエルの北王国はすでに滅び、南のユダ王国も、城壁の町はわずかにラキシュとアゼカが残るばかりでした。それでも人々は、エルサレムは神の都だから決して滅びないと信じていたのです。しかし、エルサレムといえども、時代という嵐の中の都です。エレミヤを通して主のみことばが臨みます。「見よ、わたしはこの都をバビロンの王の手に渡す」（2節）と。事実、この預言の翌年（前五八六年）にエルサレムは陥落したのです。

暗雲たちこめる混乱の時代に、神の都だけは、教会だけは、クリスチャンだけは、憂き目に遭わぬというわけにはいかないのです。

ゼデキヤ王も捕らえられ、目の前で息子たちを虐殺された上に両目をえぐり取られ、青銅の足かせにつながれてバビロンに連れて行かれました。エレミヤ自身も、同胞の誤解と敵意の中で、投獄や殺害の危機にさらされた悲しみの生涯を送ったのです。

結果論で、「あの七十年の捕囚期間は国家の試練だったが、後々の国家確立のためには不可欠なものだった」と言えたにしても、その渦中にあっては「なぜ？」と、我が目と耳を疑い、神を疑うものだったでしょう。

しかし、神のご計画は、天国へ行ってから悟るとしましょう。神の壮大な歴史の絵模様の中に組み込まれた私たちの人生です。

私たちの納得できない悲しみや痛みには、悲しみの人で病を知り、泣く者とともに泣かれる主イエスが寄り添ってくださいます。

ゼデキヤ王に臨んだ預言はもう一つありました。

「あなたは平安のうちに死ぬ。……このことを語るのはわたしだ」(5節)

ゼデキヤの悲劇の中にも確かに神の御手が働いていたのです。激動の時代の嵐は免れないにしても、その悲しみの中に神の優しく温かな御手があります。

私たちは、日々の歩みの「どうして?」と問わずにいられない出来事の中に一つ、そして、「ああ、神様がともにおられるなあ」という慰めの中に、さらにもう一つ神の不思議なご計画を受けとめていきたいと思います。

神様のご計画の中にある希望を見つめ、先取りの信仰を働かせて、すでにそうなったかのようにして歩みます。今の少々の悲しみはやがての喜びのためであることを信じます。主よ、その時まで私の足取りを支え、あきらめてしまわないようお守りください。アーメン。

Day 16

リバイバルの幻

この川が流れて行くどこででも、そこに群がるあらゆる生物は生き、非常に多くの魚がいるようになる。この水が入ると、そこの水が良くなるからである。この川が入るところでは、すべてのものが生きる。(9節)

エゼキエル書47章1～12節

今から約二千六百年前、捕囚となってバビロンに連れて来られた預言者エゼキエルの見た幻はどんなものだったでしょう。祖国が侵略され身も心もズタズタだった彼に御使いが見せたのは、目を見張るような新しい神殿の幻でした。私たちもこの幻から二つのことを学びましょう。

一、リバイバルはどこから始まるでしょう。それは、私たちの内側からです。神は、私たちのなえた信仰をもう一度立て直してくださいます。

二、信仰が立ち直って器ができると、そこにいのちの水の川が流れ、行くところすべてを潤します。

神殿は神の住んでおられる所です。民が荒野を旅していたときは天幕が、パレスチナに定住してからは動かぬ礼拝堂（神殿）が彼らの拠り所でした。侵略によって神殿が破壊されてしまっては、信仰さえも破壊されてしまったかのようでした。

けれどもエゼキエルの見た幻では、神殿は再建されていたのです。神殿の敷居の下からは水が流れ、流れるほどにますます豊かな流れとなっていきました。神のおられるところから流れ出るこの水はどこまで流れるのでしょう。

イエス・キリストは「わたしを信じる者は……その人の心の奥底から、生ける水の川が流れ出るようになります」（ヨハネ7章38節）とおっしゃいました。また、コリント人への手紙第一3章16節には「あなたがたは……神の宮であり……」とあります。

キリストの贖いによって罪きよめられ神殿とされた私たちに、聖霊なる神が宿ってくださり、そこから生ける水の川が流れるようになるのです。

神の祝福は、まず信仰を立て直すことから始まります。立ち直った器にイエス・キリストが宿ってくださるのです。心は温められ満たされ、欠けていた所も潤ってきます。そこから生ける水の川が祝福となって流れるのです。

私たちの信仰は時になえ、時に崩れます。けれどももう一度内側に信仰を持ち、神殿を建て上げていくなら、信仰のルートとパイプを通して再びそこに神が宿ってくださいます。いのちの水の川の両岸にはあらゆる果樹が生長し、葉も枯れず実も絶えることがありません。水は流れて死海にまで及び、あの皆殺しの水がすべてのものを生かす水に変えられるのです。

クリスチャンは祝福の基です。私たちを用い私たちを媒介として神が周囲の人や状況を祝福してくださるのです。時代や状況がどうであっても、リバイバルの幻の中で内なる信仰を立て直すなら、神の恵みが川の流れのようにやってきます。その祝福の流れは私自身から出発して、周囲のあらゆるところに及ぶのです。

主よ、私の内側からみわざを始めてください。神の国を私の中に建て上げてください。私から祝福の川が流れ出て、人々が潤されますように。私をお用いください。アーメン。

Day 17

実生活と信仰

彼は行って、ディブライムの娘ゴメルを妻とした。彼女は身ごもって、彼に男の子を産んだ。（3節）

ホセア書1章1～3節

ホセアはイスラエル王国の預言者でした。当時王国は政治も安泰で、祝福されているかのように見えたのですが、それは表面だけのこと。実は二十八年後にはアッシリヤ帝国の侵入を受け滅亡するという現実が待ち受けていたのです。

ホセアはそれを霊の目で見、天からの声を聴いて知っていました。安泰の陰に偶像礼拝・不道徳と、民の罪が積もりゆき、その罪がやがて滅亡を招くことを預言したのです。

ホセアに託された神からのメッセージは、人間の罪の性質は恐ろしいが、神は決して人類を見捨てず救ってくださる、ということでした。

神が選ばれた国であるにもかかわらず、民は神に不真実の限りを尽くしていました。しかし神はこの時代の最中に、「それでも決して見捨てない」というメッセージを送りつづけてくださったのです。

このメッセージを神はどのような方法でホセアに受け止めさせ語らせようとなさったでしょうか。

実生活の痛みや悲しみ、不条理や苦しみの中で語れと言われたのです。神はホセアに、姦淫の女ゴメルをめとり、姦淫の子らとともに家庭を営み、彼女がどんなに裏切ろうと彼女に誠実を尽くしなさい、と指示されたのです。ホセアは従いました。

そのような家庭の心配や痛みがなかったなら、預言者としての使命をよりよく全うすることができるのにと考えるかもしれません。でも、神の方法は違うのです。神を裏切るようなユダヤ民族に神がどれほど御心を痛め傷つき慈しんでいるか、あなたが実生活の家庭の中で数知れず流す涙、心の傷、様々な苦悩を通して御心の一部を味わいなさい、というのです。

「それでも私はあなたを見捨てない」という本当の愛のメッセージを肌身で体験しながら本当の預言者になって語れというのです。クリスチャン生活もすべてがトントン拍子なのが祝福ではないのです。

信仰を持っているのにどうしてこんなことが起こるのだろうという状況の中で神は私たちに神の愛を教え、神の心の傷を教え、神の犠牲を教えて、本当の意味での天のメッセージを伝え、用いようとしておられるのです。

神はあなたをお見捨てにはなりません。神はあなたを非常な忍耐をもって愛し慈しんでおられます。あなたの実生活でのその涙や苦悩は、神の世界と連動しているのです。

あなたの実生活の痛みや悲しみを通してもう一つ深い愛のメッセージを神があなたに伝え、あなたの器を通して人々にこの大切なメッセージの本流を伝えようとしているのです。

主よ、なぜですかと叫びたいことが余りに多いのです。けれど今、告白します。なぜ主はそれを許されるのかとしばしば立ち止まる事柄の中に、あなたの深い御思いが秘められていることを。つぶやかず、あなたの忍耐、あわれみ、ご訓練を悟る者としてください。

アーメン。

Day 18

神の霊を大切に

神は人を一体に造られたのではないか。そこには、霊の残りがある。その一体の人は何を求めるのか。神の子孫ではないか。あなたがたは、自分の霊に注意せよ。あなたの若いときの妻を裏切ってはならない。（15節）

マラキ書2章15～16節

「神は人を一体に造られたのではないか」

ここで、この旧約最後の書は、いきなり創世記の振り出しに戻っています。神は人を土から造り、いのちの息を吹き込みました。初めから人は霊的な存在として造られたのです。

マラキ書を最後にキリスト誕生の新約聖書まで、神の語りかけのない「中間時代」が約四百五十年間続きます。神の語りかけのない日々をどう生きたらよいのでしょう。振り子を戻して、神があなたを造り、いのちの息を吹き込まれたという人間の尊厳、聖書の原点に立つことです。

神の霊は最初の人間にだけ与えられたのではありません。それは脈々と私たちの中にも受け継がれているのです。その「神の霊」を大切に生きることです。

マラキの時代、人々は、神の祝福などないのではないかと自暴自棄になっていました。ハガイに励まされ神殿を再建したのに何も変わらぬではないか、と。そして、神へのささげ物として傷のある動物をささげることとすらしたのです。また、離婚は日常茶飯事で、理由もなく妻を追い出し、若い異邦人の妻をめとるというありさまでした（キリストの時代にも変わらぬ光景があった）。

私たちは神の作品であるのに、神の霊が吹きこまれているのに、どうして自分をもっと大切にしないのでしょう。特別な存在、神と通ずる大切な存在として造られたのに、どうしてその尊厳を傷つけ壊すのでしょう。

私たちはからだのために睡眠時間や運動を調整し、栄養を補給します。土の器なる肉体をそこまで大切にするならば、「神の霊」についてはなおさら細心の注意を払うべきでしょう。そこから神が私たちと交信しよう、祝福しようとしておられるのですから。

神との関係において内側の霊的なものを大切にした後に問われるのは、人との関係です。神は私たちの具体的な実生活の中で働いてくださる方です。良い人間関係がある所には、さらに豊かに神が働いてくださるでしょう。自分の中に与えられた霊ばかりでなく、他の人に与えられている霊も大切にしましょう。パウロは、ピリピ2章で、人間関係の極意を次のように語っています。

「何事も利己的な思いや虚栄からするのではなく、へりくだって、互いに人を自分よりすぐれた者と思いなさい。……キリスト・イエスのうちにあるこの思いを、あなたがたの間でも抱きなさい」（ピリピ2章3〜5節）

キリストの前に頭を低くするなら、他の人が高く見えます。身を低くして、相手の中にある神の霊の尊厳を大切にし、人間関係を神の望まれるものに変えましょう。どんなに大変な時代でも、神はあなたの内にある神の霊を通して語りかけ、人間関係を通して祝福を与えてくださるのです。

神様、この肉体は朽ち果てますが、魂を導かれるあなたを告白します。土の器の中に宿された我が霊をよく見張ります。どうかいつも神様の喜ばれる状態であるように、祈りのうちに、礼拝を通し、みことばをもってきよめ、満たし、保ってください。アーメン。

Day 19

信仰の受け皿

イエスは彼らの不信仰に驚かれた。（6節）

マルコの福音書6章1～6節

故郷とはいつも温かく迎えてくれ、ホッとさせてくれる場所だと、誰しも思うものですが、イエスにとっては、全く違うものでした。ご自分のことを「人の子には枕するところもありません」（マタイ8章20節）と語られたイエスは、どんなときにそう感じたのでしょう。

故郷でのイエスの記録は、ここが二回めです。一回めは、人々がイエスを崖から投げ落とそうとしたと書かれています。故郷の人々は、イエスを受け入れるどころか殺そうとまでしたのです。イエスの素晴らしい説教を聴きながら、彼らは、それが神から来ていることを認めようとはしませんでした。

結果、彼らはイエスの力ある恵みのみわざに何一つ浴することができなかったのです。

「主よ、私の人生の真ん中に入ってください。もっともっと現れてください」と願うのなら、私たちはどうしたらよいのでしょうか。信仰の受け皿をチェックすべきです。イエスをチェックし神の側をチェックするのではなく、自らをチェックすることこそが私たちの領分です。

安息日に講壇に立ったイエスの説教は、高名なラビの権威によるものでもなく、ただご自身の権威によって語られたもの、まさしく神が直接語られたものでした。新しい時代の幕開けです。感動があるのは当然です。

しかし、故郷の人々の反応は、「この人は大工だ。私たちは彼の家族を知っている」という域にとどまり（3節参照）、事実見聞きしている素晴らしい説教やみわざについては、サタンから来ているという結論を出したのです。

それはまず、「認めない」というところから始まっており、律法学者たちの出した結論と似ています。こんな所でどうしてイエスがその力を発揮できるでしょう。問題はイエスにではなく、彼らの心にあるのです。

私たちも似た心を持っていないでしょうか。この心がイエスのさらなるみわざを阻害し、素晴らしい説教をとどめてしまうつまずきとなってしまうのです。

つまずきは罠と同義語です。この罠は自分で自分の心にかけてしまう罠です。罠をかけるのもつまずきの石を置くのも、決してイエスではありません。私たちの中に潜む小さな石―意地悪な心、罪ある人間の悲しさが、やがて大きなつまずきの石となるのです。

つまずきの罠や石を取り除き、通りよき管となるなら、神の祝福のメッセージ、神のみわざは必ず私たちの生活に、家庭に現れます。聖霊なる神の風はその御思いのままに自由に吹きます。風の道を妨げてはいけません。

イエスは、信仰のない親族の所にはとどまらず、信仰の受け皿のある人々の所に行かれました。信仰の受け皿、心のありよう一つで、神は今日からでも、この瞬間からでも、新しく自由に働いてくださるのです。

自分の受け皿を信仰によって満たし、人生の舵取りをイエスにおゆだねしたいと思います。

神様、つまずきの罠にはまることのないように、聖霊様に自由に働いていただけるような、柔らかい心をお与えください。悔いし砕かれし心を持って、幼子のように素直な心で主の御前に立てるようお守りください。アーメン。

Day 20

クリスマスの賛美歌

マリアは言った。「私のたましいは主をあがめ、私の霊は私の救い主である神をたたえます。」（46〜47節）

ルカの福音書1章28〜55節

今日のみことばは、キリストの母マリアの「マグニフィカト」（「あがめる」の意のラテン語）と呼ばれている賛歌からです。

「おめでとう、恵まれた方」（28節）と、天使ガブリエルから唐突に受胎告知されたマリアは、魂の底から「救い主である神をたたえます」（47節）と言いました。私たちの人生に賛美歌があるのはなんと幸いなことでしょう。

賛美には力があります。エルビス・プレスリーもゴスペルを歌うと力があふれてくると語っていたそうです。有名な賛美歌「きよしこのよる」は一八一八年にオーストリアの田舎の教会でパイプオルガンが壊れたことから、ギター曲として作られ、チロル地方の手袋商人によって世界中に広まりました。

千八百年の時を経ても、また、今もなおその誕生を祝う賛美歌が生まれているのは、キリストだけではないでしょうか。私たちの人生に賛美があるのは大きな祝福です。

賛美はどうして生まれるのでしょうか。私たちは恵みがあるから賛美するのでしょうか。いいえ、信仰があるから賛美するのです。今、感謝しないとしたら、いつ感謝するのでしょうか。信仰に立つなら、現状がどうであれ賛美できます。

マリアは、「(主は)この卑しいはしために目を留めてくださった」(48節)と賛美していますが、実は彼女はこの時点で、いわゆる幸せを体験してはいなかったのです。むしろ予測される現実は、ヨセフに離縁されること、石打ちの刑で殺されること、という厳しいものでした。

にもかかわらず「おことばどおり、この身になりますように」(38節)と、おことばを信じきったのです。

おことばに対する信頼の根拠は、おことばを発した方が全知全能の方、人生のそこここで最大級の恵みを下さる方だということにあります。現状に左右されることなく、信仰に立つとき、魂の底から喜びの賛美が生まれるのです。

余命幾ばくもないと宣告されたある牧師先生からの手紙にも、島原で手指を切られ冬の海に浸けられて殉教した少年の最期のことばにも、キリストによって救われた感謝と喜びが満ちていました。

このような信仰に立つなら、馬小屋で生まれた主イエスのように身を低くして生きるべきでしょう。自分を自分以上に見せようとしたヘロデ王は、ついぞキリストに出会うことはありませんでした。

一方、自らを「卑しいはしため（女奴隷）」と言っていたマリアは、神の目には「しもべ（神の子ども）イスラエル」と映っていたのです。

私たちもみことばを読み、神を絶対的に信じ、賛美歌を口ずさみながら、身を低くして主のしもべとして歩もうではありませんか。

神様、私の人生に絶えず賛美があるように導いてください。神様にささげる歌が、喜びが、生涯あふれるようにしてください。イエス様は救い主、私の人生の主であられます。もっともっとその喜びを歌い、あかしする者としてください。アーメン。

Day 21

クリスマスの日

ところが、彼らがそこにいる間に、マリアは月が満ちて、男子の初子を産んだ。そして、その子を布にくるんで飼葉桶《おけ》に寝かせた。宿屋には彼らのいる場所がなかったからである。（6〜7節）

ルカの福音書2章1〜7節

昔、ヨーロッパでは、バプテスマのヨハネにちなんで、ジョンという名の人がアドベント・クランツの四本めのロウソクに灯をともしたそうです。今日でも教会は四本めの灯がロウソクにともされ、クリスマスの日を迎えています。

医者であり歴史家でもあったルカの視点からクリスマスの日を見てみましょう。あの日をめくり返せば、二千年たった今なお私たちはクリスマスを祝いたい気持ちでいっぱいになります。

罪のない神のひとり子がこの人の世に生まれてくださったのは、人間の自己中心が如実に表れた最も危ない時代でした。

ユダヤはローマ皇帝の支配下にあり、総督が派遣され、また異邦人ヘロデが王として統治していました。民は時として迫害を受け、反旗を翻し、そのたびに武力で制圧されるという、一触即発の不安定な時代でした。

クリスマスその日について時代確認した後、医者ルカの温かい目は、ナザレの寒村に注がれます。住民登録のため、身重な身体でナザレからベツレヘムへ約百キロの旅を余儀なくされたマリアとヨセフでしたが、それは医者の目から見ても随分危険な旅だったと思います。

それでもマリアは、我が身に起こりつつあることをヨセフの温かさに包まれながら迎えることができたのです。勅令がなかったら、ナザレで人々の冷たい目にさらされて出産していたかもしれません。

ここに神の優しさ、温かいご配慮が見えます。私たちが出会う悲喜こもごもの出来事すべては、神の御手の中にあるのです。不条理に思える出来事を、納得できないにしても、神の御手の中にあるのだからと、そのまま受けとめることが信仰の一歩となるのです。

6節に「月が満ちて」とあります。神の時が満ちたのです。ナザレではなくベツレヘムで預言のとおりに救い主がお生まれになりました。けれども、宿屋には彼らのいる場所がなく、キリストは冷たい石造りの飼葉桶に寝かされました。

「飼葉桶に寝ているみどりご」が、「あなたがたのためのしるし」だと（12～13節）、救い主誕生の第一報が羊飼いたちにもたらされました。

ここに救いのメッセージがあります。これほど危険な時代の真ん中に、ここまで貧しくなられて、救い主が人の世に来てくださったのです。神の並々ならぬご決意がうかがわれます。

そしてそのご決意の中に優しさが見えます。その優しさは、私たち一人ひとりのうちに救い主イエス・キリストとなって宿ってくださいました。

私たちにもクリスマスその日が訪れたことを心から感謝しましょう。

何と驚くべきことでしょう。こんな恐ろしい、罪人がひしめく人の世に、きよい大切な神様のひとり子がお生まれになられたとは。今、厳かな心地で、心の扉を開きます。どうぞ私の中にもお入りください。アーメン。

Day 22

悔い改めのメッセージ

ヨハネはヨルダン川周辺のすべての地域に行って、罪の赦しに導く悔い改めのバプテスマを宣べ伝えた。（3節）

ルカの福音書3章1～14節

ルカの福音書から、バプテスマのヨハネの人生とそのメッセージについて学びましょう。聖書に最初に登場する「ヨハネ」は、このバプテスマのヨハネです。ヨハネはキリストが来られる直前、人々に「悔い改めにふさわしい実を結びなさい」（8節）と語りかけ、洗礼を授けていました。

「曲がったところはまっすぐに……険しい道は平らに」（5節）という預言のように、人々の心が平らにへりくだったものとされ「神の救いを見る」（6節）ようになるためです。

一年半の間、主の道を備えるために働いた彼は、国主ヘロデの姦淫の罪を指摘したことで一年四か月の投獄の末、斬首され短い生涯を終えました。

ヨハネの生涯は、その短さや最期の悲惨さから人の目には不幸に見えますが、神の目には、素晴らしい生涯でした。神の目は、王や総督、宗教指導者の形にではなく、荒野のヨハネの「信仰」に注がれるからです。

ヨハネは天からのものを純粋に受けてその使命を果たしました。キリストも「女から生まれた者の中で、ヨハネよりも偉大な者はだれもいません」（ルカ7章28節）と賞賛しています。

このヨハネの後ろ姿を透かして見るとき、問われることが二つあります。

一、私の信仰はどこにあるか。

「少年よ、キリストにあって大志をいだけ」ということばを遺したクラーク博士の晩年は報われないものでした。これから牧師として用いられようとする矢先に亡くなってしまった神学生もいます。しかし、「ご自由に用いてください」という献身の信仰、そこに神の目が注がれていたことは間違いありません。

人間の視点からは不幸としか思えない出来事や、報われない生涯が確かにあります。しかし信仰を働かせ、神の視点から見るなら、その一つ一つに特別なご計画があり、意味があることがわかるのです。

二、悔い改めの実は私の生活のどこに現れているか。

へりくだって悔い改めるなら、家族や職場の人間関係等、生活のどこかにその実（しるし）が必ず現れます。互いに助け合い分かち合う人々、権力を笠に着て過分に取り立てたりしない取税人、力で恫喝しない兵士……いずれも対人関係に誠実であることが求められています。

「御霊の実があるかどうか、どうやって知るのか」という問いに、「平時はわかりません。でも、行列の中でイライラして待つときによくわかります」と答えた人がいました。

またある人は、「新興宗教を脱会した妻がこれから教会に足を向けるかどうかは、すべて夫である自分の平素の後ろ姿にかかっている」と話していました。

私たちは、そういう道を歩んでいるのです。悔い改めにふさわしい実を結ぼうではありませんか。

神様の視点で見つめられるようにお導きください。何が大切で神様が評価しておられるのかを見分ける眼をお与えください。心の眼が曇らないように、悔い改めへとお導きください。アーメン。

Day 23

イエスの祈りの生活

だが、イエスご自身は寂しいところに退いて祈っておられた。(16節)

ルカの福音書5章15〜16節

気がつかないうちに職場や家庭の問題に引きずられ、流されてしまっていることがあります。そこにくさびを打つように、聖日礼拝を守り、祈り、神のみもとに身を押し出すことは、私たちの魂と人生にとってどれほど重要なことでしょう。

イエスは、その活動の初期から晩年までずっと昼夜を問わず、よく祈られました。なぜ、それほどまでに祈られたのでしょう。

地上の人生は、ままならないものです。この一週間でさえ、自分の思い描いたとおりになったことはどれほどあったでしょうか。それどころか正反対の方向に事が進んでしまうこともあります。そこから祈りが生まれるのです。

イエスの地上の生活も、ままならぬものでした。絶えず群衆に囲まれ、一世を風靡して、普通なら得意の絶頂にいるかのように見える状況でしたが、周囲はイエスの「お心」とは真反対に展開していたのです。

イエスからいやしを受けたある人は、だれにも言ってはいけないというイエスの命令を聞かず、その出来事を言い広めました。噂を聞いて押し寄せる群衆のために、イエスの活動は大きく制限されました。

ユダやペテロの裏切り以前に、活動の当初から、人の中で生きるむなしさをイエスは味わっておられたのです。

私たちの人生も同じです。それだけは避けたいという方向に事が運んでしまうことがよくあります。しかし、これが現実です。

だから、それを発露として「祈りなさい」と、神は語っておられます。ままならぬ地上の人生でも、イエスは、人を責めたり自暴自棄になったりしませんでした。

イエスは第三の道を選択されました。「よく荒野に退いて祈っておられた」のです。人々の中にいてはいけない、今祈るべきだと、流されず自ら退いて、行くべき場所（神のみもと）に行ったのです。

徹夜で祈り、朝暗いうちから祈り、山に登って祈り、ゲツセマネで祈り、そして十字架上で祈りました。

イエスは決して逃げませんでした。オリーブ山で三時間余りの祈りの後に、「立ちなさい。さあ、行こう」（マタイ26章46節）と弟子たちを促すと、逆風を突くように十字架に向かわれました。祈りなしに、そんなことはできないものです。

スペインの内戦で夫を射殺された女性が、子どもたちに「これからの最大の仕事は、あなた方の父親を殺した人をゆるす仕事です。ゆるさなければ自分が腐り、落ちていきます」と教え、育てました。子どものうちの一人は後に神父になったそうです。神抜きで、誰にこんなことができるでしょう。

私たちも、ままならぬ展開の中で、まっすぐ神のふところに飛び込んで行くなら、水の上をも歩くような不思議な体験をすることでしょう。


主よ、あなたは「だから祈れ、そこから祈れ」と語りかけておられます。ままならない状況の中で立ち尽くすときも、つぶやいたり投げ出したりせず、まず祈ることができますように。あなたがはっきりとご自身を現してくださいますように。アーメン。

Day 24

祝福への最短距離

しかし、必要なことは一つだけです。マリアはその良いほうを選びました。それが彼女から取り上げられることはありません。（42節）

ルカの福音書10章38～42節

「忙しい」とは、「心が滅びる」と書きますが、あたふたと忙しく地に足がついていないような状況の中には、私たちが陥りやすい落とし穴があります。

二人の姉妹マルタとマリアの記事から、その落とし穴と「一番大切なもの」について考えましょう。

イエスは、首都エルサレムから三キロほどのベタニヤ村をしばしば訪れては、マルタとマリアの家によく立ち寄られたようです。この日も、マルタは喜んでイエスを家に迎え入れたのです（この「喜んで迎え入れた」という表現は、あのザアカイがイエスを迎え入れたときと、ここだけに使われているものです）。

「ところが」と、聖書は続けます。嵐は突然、私たちの心の中からやって来ます。「主よ。私の姉妹が私だけにもてなしをさせているのを、何ともお思いにならないのですか。私の手伝いをするように、おっしゃってください」（40節）と、マルタはイエスに訴えたのです。

喜んで精一杯もてなしたいという彼女の動機はすばらしかったのに、あれこれと気を遣いすぎて取り乱してしまったのです。強い責任感も度を超すと、その矛先が人に向けられ、パニックに陥ります。やがて信仰さえも侵食されて、自滅の道をたどりかねません。ここでも決してマリアがマルタにもてなしを強要したわけではなく、マルタが自発的に始めたもてなしだったはずです。

「何ともお思いにならないのですか」は、嵐の舟の中で立ち騒ぐ弟子たちが、眠っておられたイエスに投げかけたことばと同じです。

忙しい職場で、家庭や学校で、気がつくと他の人に責任転嫁している、というようなことはないでしょうか。この落とし穴には気をつけなければなりません。放蕩息子の兄のように、自分と父との絶対的な関係を忘れて、人と自分という相対関係に心奪われ自分を見失うことになるからです。

では、どうしたらよいのでしょう。原点に帰り、優先順位から始めることです。

同じ屋根の下にいながら、姉妹マリアの姿勢は、気が落ち着かないマルタとは全く違っていました。彼女は「主の足もとに座って、主のことばに聞き入っていた」（39節）のです。絶えずイエスの傍らに身を置くということは、並々ならぬ姿勢の表れです。これだけはゆずれないという「イエスと自分」との関係です。

イエスはマルタの本心を呼び覚ますかのように「マルタ、マルタ」（41節）と呼びかけます。「他の人と自分」の世界に目をやれば袋小路に迷い込むばかりです。迷い出したら突っ走らず「イエスと自分」という原点に戻ることです。なくてならぬものは、一つだけです。それをつかむことが、すべての祝福への最短距離なのです。

神様、どうしようもない状況にあるとき、「わたしだ。しっかりしなさい」と語りかけてくださるあなたを思い出すことができますように。もう一度、あなたの前に座して静まるところからスタートします。アーメン。

Day 25

信仰の最後のよりどころ

しかし、わたしはあなたのために、あなたの信仰がなくならないように祈りました。ですから、あなたは立ち直ったら、兄弟たちを力づけてやりなさい。（32節）

ルカの福音書22章31〜34節

「シモン、シモン。見なさい。サタンがあなたがたを麦のようにふるいにかけることを願って、聞き届けられました」（31節）

十字架を目前にしたイエスが、オリーブ山でペテロに語ったことばです。それは、「サタンが凄まじい勢いで働いていることをしっかりと見なさい」との警告です。

人間の予測を超えた恐ろしい闇の力、私たちを破滅に追いやろうとする存在が確かにあります。サタンの目的は、私たちを叩きのめし、信仰を失わせ、その息の根を止めることです。

「主よ。あなたとご一緒なら、牢であろうと、死であろうと、覚悟はできております」

（33節）とペテロは言いましたが、自分の力で振り払うことなどできるはずがありません。相手は悪魔なのです。

結局ペテロはイエスを裏切りました。捕らえられたイエスの後をこそこそついて行き、鶏が二度鳴く前に三度もイエスを「知らない」と言ったのです。

皆、自分は大丈夫、自分の頑張りで何とかなると思っているのです。しかし、それがサタンの前に粉々に砕かれる時が来ます。もがきあがいて自力でやってみようとする私たちに「それは違う！」と徹底的に教え込むために神はあえて厳しい所を通させるようです。すべてが粉々に砕かれてドン詰まりまで落ちたようであっても、大丈夫です。揚がっていきます。

その根拠は私たちの中には全くないのですが、冒頭のみことばの中に二つあります。その一つは神の大きな御手、もう一つは日夜私たちのためにとりなしてくださるイエスの祈りです。

神の思し召しもわからずサタンも見えないペテロや私たちですが、イエスは私たち自身も知らない本当の姿、弱さや未来もすべて知って私たちを召されたのです。サタンが働いていても、それは神の御手の中、一定限度の許しの中なのです。

そして、永遠に存在される祭司としてのイエスが昼も夜も絶えず私たちのためにとりなし祈ってくださっているのです。まるでバリアのようにイエスの祈りが私たちを取り囲んでいます。

「ですから、あなたは立ち直ったら……」（32節）と、主はペテロの未来につなげます。兄弟たちを力づける未来です。事実、「使徒の働き」の前半の主人公は、砕かれ変えられたペテロです。彼が中心軸となって用いられ世界中に教会が建てられたのです。

今、あなたは、どん底を体験しているかもしれません。でも、神の大きな御手の中にあることを信じ、日夜祈ってくださるイエスが見えたら大丈夫です。神が新たな私たちとしてくださって、これからの人生を今まで以上に祝福してくださるでしょう。

主よ、こんな私ですが、何度でもお用いください。一切を承知の上で私を選び、愛し、ゆるし、お育てくださることを感謝します。どこまでも、あなたについていきたいと思います。アーメン。

Day 26

奉仕の心

イエスはこれを最初のしるしとしてガリラヤのカナで行い、ご自分の栄光を現された。それで、弟子たちはイエスを信じた。（11節）

ヨハネの福音書2章1～11節

キリストの最初の奇蹟から、奉仕をする者の心について考えましょう。

すでに三つのキリスト伝（共観福音書）があるので、ヨハネはイエス・キリストがどういう方であるか解説しようとして、この福音書を書きました。

1章では、キリストは神のことばであることを書き、2章では、イエス・キリストが何者であるかを表すのに最も端的に表すふさわしい事件として、ガリラヤのカナの結婚式での出来事を、解説抜きに事実そのままを記録しました。

イエスのこの最初の奇蹟には、イエスの人となりがよく現れています。

結婚式でぶどう酒がなくなるという出来事に直面し、母マリアはイエスにそれを伝えます。それに対しイエスは「女の方。私のときはまだ来ていません」と応えました。

イエスは決して冷淡だったわけではありません。それは、十字架上でヨハネに母マリアを託したことからもうかがえます。イエスが言いたかったのは、「みわざや奉仕の中には神の時がある」ということです。

神の時というのは聖書でも非常に重要な思想の一つです。私たちの中心は、しばしば自分の時、自分のプログラム、自分の人生観、と自分のライフスタイルになりがちですが、しかし、聖書の中心は天、神、みこころ、神の時なのです。

マリアはしもべたちに「何でもしてあげてください」と言いました。

私たちもイエス・キリストの品性から十分な感化を受けたら、喜んでキリストのしもべになりたいと願うでしょう。しもべは、いつでもスタンバイOKの指示待ちの姿勢です。何でもします。

このしもべたちは、意味がわからなくても言われたとおり、石がめに水を縁まで一杯に満たしました。世話役の所に汲んでいった水はぶどう酒となり、称賛を受けたのはイエスではなく新郎でした。

この小さな村でひっそりと行われた奇蹟では、キリストは表に見えません。見えない中にこそ本当のキリストが見えてきます。

奉仕する者は、まずキリストのもとにひざまずいてキリストを見つめ、十分恵みを受けることです。自分の心のままにやっては、自分でつじつまが合わなくなります。

この最初の奇蹟を見たら、イエスがわかります。イエスの品性に触れたら感動し、恵みと喜びが湧いてくるでしょう。「このお方のためなら何でもします。私はあなたにゆだねます。神の時の中で自由に使ってください」と。そのとき、神はすべての人を祝福し、用いてくださいます。


神様、あなたへの聖なる畏れを忘れてしまうとき、そのことをお示しください。そのまま足を踏み外し、滅びの道へ落ちていくことのないようにお導きください。いつも初心に返り、御足の跡に従いたいと思います。アーメン。

Day 27

復活のイエスとともに

しかし、私たちの国籍は天にあります。そこから主イエス・キリストが救い主として来られるのを、私たちは待ち望んでいます。（20節）

ピリピ人への手紙3章20～21節

ローマの獄中、我が身に迫る死の足音を聞きながら、パウロは、どのように復活の希望、天国の希望をピリピの教会宛てにしたためたのでしょうか。

多くの人々の生き方は欲望中心で、「死んだら終わり、地上がすべてだ」という刹那的なものです。より良い生き方をしようと努力する人もいますが、それも地上がすべてと考えているのであれば、やはり希望のない生き方と言わざるをえません。

「しかし」、私たちは違います。「私たちの国籍は天にあります。そこから主イエス・キリストが救い主として来られるのを、私たちは待ち望んでいます」（20節）

私たちは、死で終わらない天国籍を持つ天上人として召されているのです。

ピリピの人々は、世界に冠たるローマ帝国の市民権を得ていました。その特権のほどは、パウロを鞭打ちの刑に処した長官たちが、彼がローマの市民権を持っていることを知ったとたん、蒼くなって謝罪したこと（使徒16章39節参照）からもうかがえます。ましてやローマ帝国にはるかに優る天に国籍を持つ私たちの特権はいかばかりのものでしょう。

この天国籍を得るために私たちは何の努力もしませんでした。キリストが十字架でいのちを捨て、死を打ち破り復活し、再臨を約束して昇天されたことによって、私たちの天国籍は確かなものとされたのです。

ですから、地上のことに執着せず、天に国籍を持つ者にふさわしく、天を仰いで歩みましょう。

パウロをずっと支えつづけたピリピ教会の温かさの一因は、初穂ルデヤが純粋に天を仰いで生きる女性だったことに由来すると思います。

ルデヤに続いて救われたのは、パウロとシラスの獄中での賛美に感化された看守でした。彼の家族全員が天を仰ぐ者とされたのです。

迫り来る死の彼方に、パウロは、天国の希望、復活の希望を見ていました。彼はこう告白しています。

「キリストは、万物をご自分に従わせることさえできる御力によって、私たちの卑しいからだを、ご自分の栄光に輝くからだと同じ姿に変えてくださいます」（21節）

死が切迫すればするほど、体が衰えれば衰えるほど、復活の宝は輝きを増します。パウロがエパフロデトに託したピリピ教会への返信は、喜びと希望に満ちていました。

復活の希望は、老若問わず誰でもいつでも緊急に必要なものの第一であり、この宝に有効期限はありません。

天に国籍をもつ者にふさわしく、天を仰ぐ者とされましょう。そして、私たちに与えられている復活の希望が、どれほど素晴らしいものであるか体験しながら、地上の生涯を一歩ずつ歩んでいきましょう。

神様、この人生が一時の旅路に過ぎないことを悟らせてください。この世のものに執着せず、一切を神にお任せし、いよいよ熱く天の故郷を待ち望む者としてください。アーメン。

Day 28

ことばと人生

同じ口から賛美と呪いが出て来るのです。私の兄弟たち、そのようなことが、あってはなりません。(10節)

ヤコブの手紙3章1～10節

教会の礼拝で説教の時間が多くとられているのは、神のことばを大事にするからであり、説教を「神のことば」として受けとめるからです。

神が人間だけにお与えになっているものはいろいろありますが、その中でもことばは非常に大きな意味を持つものです。

もともと、ことばは人間のものではなく神のものです。神はことばをもって天地万物を創造されました。また、キリストは「ことば」として地上に来られました。

神と人間は、ことばをもって交わることができます。私たちはことばをもって祈ります。私たちは、神のことばとして礼拝説教を聴き、聖書のことばを通して人生の舵取りが変えられます。

私たちは、どの時代のどこの誰が読んでも変わらぬ確かな神の約束のことばをいただいているのです。

ですから、神は私たちのすべてに関心をお持ちですが、とりわけ私たちの口、ことばに関心を持っておられるのです。救われた私たちの地上での生活がさらに祝福されるためには、信仰や忍耐、人に対して平等であること等々が不可欠です。中でも特に、私たちが自分のことばを制御することを、神は願っておられます。

「私たちはみな、多くの点で過ちを犯すからです。もし、ことばで過ちを犯さない人がいたら……完全な人です」（2節）

責任ある立場の人が一言の失言で失墜することは、世界にままあります。生きていくかぎり失敗は避けられないのです。一言が相手をも自分をも汚し、小さな火が大きな森を燃やすように、家庭や人間関係、人生を破壊するのです。

だからこそ、私たちは、ことばを治めるべきです。人生の成否は、ことばのコントロールにかかっているのです。でも、どのようにしてそれが可能になるのでしょうか。礼拝や賛美を通して神が私たちに光を当ててくださいます。

「主であり父である方をほめたたえ、同じ舌で……人間を呪います」（9節）

ハッとさせられます。日曜日の礼拝で経験した神の国を月曜日のこの場所に持って来るとつじつまが合わない、神が嘆いておられる、と気づかされるのです。

友人との会話の中で発したことばに傲慢さや憎しみが潜んでいたことに気づかされることもあります。自分のことばに神の光が当てられているからです。

身近にいる人から、この人は本物の信仰者だと認められるような、そういう本物の世界に近づけようと、神は私たちを教え、導いてくださいます。

私たちは長い年月をかけて、ことばをコントロールできるよう変えられていくのです。失敗もありますが、何回も悔い改めて、私たちの生活の中に神の領域をさらに拡大していただきましょう。

神のおことばである聖書は何と慕わしいことでしょう。神のみことばにのみ信頼し、信仰をもって歩んでいくことができますように。私を変え、私のことばを通してあなたのご栄光が現されますように。アーメン。

Day 29

もう一つの尊い働き

私の兄弟たち。あなたがたの中に真理から迷い出た者がいて、だれかがその人を連れ戻すなら、罪人を迷いの道から連れ戻す人は、罪人のたましいを死から救い出し、また多くの罪をおおうことになるのだと、知るべきです。（19～20節）

ヤコブの手紙5章19～20節

イエス・キリストの兄弟ヤコブが書いた手紙の最後のことばです。

人は行いによって救われるのではなく、イエス・キリストの恵みにより信仰によって救われます。でもヤコブはそれだけでなく、救われた者には救われた者としての行いが伴うべきだと力説します。

クリスチャンとしての誠実な生き方、ことば、節制、試練に耐える忍耐力……、そして最後にもう一つ、教会とクリスチャンにしかできない重要な働きがあるのだと、ヤコブは言います。それは「罪人を迷いの道から引き戻す」という働きです。これは、あらゆる時代のすべてのクリスチャンへの呼びかけです。

神の熱い御思いは、一人でも多くの人を滅びの道からキリストの救いの世界に引き戻すことです。そして引き戻された私たちクリスチャンが、その尊い働きに参画することこそ神の御思いにかなう最も尊い働きです。

ヤコブ自身も兄イエスに対する信仰を持たず、実家に連れ戻そうとしたこともある人ですが、後に神に引き戻され、エルサレム教会の指導者として重要な役割を担う者となりました。

私たちは皆、迷い出る者です。一匹の迷える羊として滅びの道から引き戻され救われたにもかかわらず、再び迷い道する者です。それでも、神はあきらめません。

サタンは躍起になって私たちを告発し、引きずりおろそうとしますが、神は、一人ひとりの尊い魂と人生をなんとか神の国に招き入れようと、熱い御思いで苦心しておられるのです。

事実、私たちも一人ひとり、神があきらめずに色々な人を遣わして連れ戻してくださったからこそ、今日こうしてあるのではありませんか。神の手足となって、罪人を迷いの道から引き戻す働きに一役買う者となりましょう。私たちにしかできない働きがあるのですから。

サタンは私たちを告発しますが、それを上回る「多くの罪をおおう」働きがあるのです。ペテロは何度もキリストを裏切り泣きましたが、キリストの無限の愛が彼を包みました。その深い体験から彼も、「愛は多くの罪をおおう」（Ｉペテロ4章8節）と書いたのです。ヤコブがこれまで書いてきた忍耐も寛容もすべて、最終的には魂の救いのため、キリストの無限の愛と赦しを現すためのものでした。

あなたも、この尊いみわざのために労する人生を送りませんか。失われた魂のために祈りつづけ、電話し、訪問し、手紙を書き……そのようにして、主の大きなご愛をもう一度かみしめる者になりたいと思います。


神様、多くの人の愛情と忍耐によって支えられていることを覚えます。私も神様のことを人々に伝え、救いへと導く働きに携わりたく思います。どうか私にできることを教えてください。アーメン。

Day 30

試練と信仰

あなたがたの思い煩いを、いっさい神にゆだねなさい。神があなたがたのことを心配してくださるからです。（7節）

ペテロの手紙第一、5章5～7節

十二弟子の中でも一番威勢のよかったペテロのことばです。やがて来る迫害の嵐、大試練を予感していたのでしょう。試練に遭うとき私たちはどうあるべきかについて語っています。

どんな人生にも、大なり小なり試練があります。小波のような試練のときに対処の仕方を身につけるならば、激しい大波の試練にも対処できるようになるでしょう。

普通、試練に遭ったときにはがんばろうとするものですが、聖書の勧めは逆です。へりくだりなさい、ゆだねなさい、というのです。「神は高ぶる者には敵対し、へりくだった者には恵みを与えられる」（5節）からです。

試練に遭うと肩に力が入りすぎて身構えてしまい、そのうちに、神の恵みから離れ、自分の計画や力により頼むスタンスへとすり替わってしまうからです。実は、これが試練に出会ったときに一番危ないことなのです。

内村鑑三は娘の死に際し、天国に向かう彼女の純粋な信仰にうたれ、自分の名誉心・野心が照らし出されて恥じ入り、もう一度へりくだったと書いています。

ペテロも同じことを学びました。十二弟子の先頭にいて「我こそは」とやっていた彼は、「下がれ、サタン」（マタイ16章23節）と、血の気の引くようなイエスの叱責にあいました。

試練が来ても、神と自分だけになって神の前に身を低くしていくならば大丈夫です。神は、今味わっているささやかな試練も、これからやって来る大きな試練もすべて良きに導かれます。

へりくだるというのは、神の力強い御手の下にへりくだり、神に服することです。神がちょうど良い時にあなたを高くしてくださいます。神のちょうど良い時があるということに自らを服するのです。

自分の計画ではありません。冬の間は何も変わっていないように見えても、時が来れば桜は一気に咲き、その勢いを止めることはできません。あの試練この試練がいまだに解決しない、とあきらめる必要はないのです。神のちょうど良い時が来たら、誰も止められないのです。

何事につけ、あきらめずあせらず、主権は神にあること、時は神の手にあることを覚え、へりくだることです。時満ちて神の力強いみわざが現れるのですから。

思い煩いを背負い込まないで、すべて神にゆだねましょう。神があなた以上に心配してくださるのですから。自分の力で何とかすることが試練を乗り越えることだと勘違いしたらつぶれてしまいます。ゆだねることがコツなのです。

ペテロはイエスの山上の説教を思い出しながら、このことを書いたにちがいありません。試練の時には、へりくだり、ゆだねましょう。神の時と、神の力強い御手を認め、心にかかるいっさいの心労を神の御手の中におろして、主とともに歩んでいきたいと思います。

神様、あなたが私のことを心配していてくださることを感謝します。あなたは心やさしくへりくだっておられます。あなたに従って歩むことの幸いを知ることができますように。何事も心配せず、心安らかにゆだねることができますように。私を包んでください。アーメン。

佐藤 彰
さとう・あきら

1957年３月11日、山形市に生まれる。聖書神学舎卒業。

1982年、保守バプテスト同盟・福島第一聖書バプテスト教会牧師となる。

2011年３月11日東日本大震災に遭い、教会は一時閉鎖。教会員とともに流浪の旅に出た。

著書に『教会員こころえ帖』『マルコの福音書で学ぶ信仰生活入門』『いちばん大切なもの』『「苦しみ」から生まれるもの』『信仰から生まれるもの』『こころのビタミンA』『こころのビタミンB』『子どもの成長と救いのために』『教会形成の喜び』『新しい旅立ち』『まるかじり創世記』『あなたに祝福がありますように』『順風よし、逆境もまたよし』『流浪の教会』『続 流浪の教会』『新クリスチャン生活百科』（共著）などがある。

福島第一聖書バプテスト教会ホームページ
http://f1church.com/

新装改訂　新しい旅立ち

2005年１月１日発行
2012年３月11日新版発行
2025年１月15日新装改訂発行

著　者　佐藤　彰

発　行　いのちのことば社
〒164-0001 東京都中野区中野2-1-5
電話　03-5341-6923（編集）
　　　03-5341-6920（営業）
FAX　03-5341-6921
e-mail:support@wlpm.or.jp
http://www.wlpm.or.jp/

ISBN 978-4-264-04499-4